KB190380

大方廣佛華嚴經 寫經

11

🪷 일러두기

1. 『사경본 한글역 대방광불화엄경』은 『독송본 한문·한글역 대방광불화엄경』에 수록된 한글역을 사경하는 데 편의를 도모하기 위해 편집을 달리하여 간행한 것이다.

2. 『독송본 한문·한글역 대방광불화엄경』은 실차난타가 한역(695~699)한 80권 『대방광불화엄경』의 한문 원문과 한글역을 함께 수록한 것이다. 한문 저본은 고종 2년(1865) 월정사에서 인경한 고려대장경 『대방광불화엄경』이다.

3. 한글 번역은 동국역경원에서 발간한 한글 『대방광불화엄경』(운허)을 중심으로 하고 『신화엄경합론』(탄허)과 『대방광불화엄경 강설』(여천무비) 그리고 최근의 여타 번역본 등을 참조하였다.

4. 한글 번역은 독송과 사경을 위하여 정확성과 아울러 가독성을 고려하였다. 극존칭은 부처님과 불경계에 대해서만 사용하였다.

5. 사경본의 차례는 일러두기 → 한글역 본문 → 화엄경 목차 → 간행사이며 80권 『대방광불화엄경』의 권별 목차 순으로 독송본과 함께 간행한다. (법공양판에는 간행사 다음에 간행불사 동참자를 밝혀 두었다.)

사경본 한글역

대방광불화엄경 제11권

6. 비로자나품

수미해주

大方廣佛華嚴經卷第十一變相

毗盧遮那品第六

周

대방광불화엄경 제11권 변상도

_____ 은(는)『대방광불화엄경』을
사경하는 인연공덕으로
『화엄경』이 널리 유통되고
우리 모두 다함께 보리 이루기를 발원하옵니다.

대방광불화엄경
제11권

6. 비로자나품

그때에 보현보살이 다시 대중들에게 말씀하였다.

"모든 불자들이여, 지나간 옛적에 세계 미진수의 겁을 지나고 또 그 곱을 지나서, 세계해가 있었으니 이름이 보문정광명이다.

이 세계해 가운데 세계가 있으니 이름이 승음이다. 마니 꽃 그물바다 를 의지하여 머무르며 수미산 미진 수의 세계로 권속을 삼았다.

그 형상이 아주 둥글고 그 땅에 한 량없는 장엄이 갖추어져 있으며 삼 백 겹의 온갖 보배 나무 윤위산이 함 께 둘러쌌다. 일체 보배구름이 그 위 를 덮어서 청정하여 때가 없고 광명 이 비치었다.

성읍과 궁전이 수미산과 같고, 의

복과 음식이 생각하는 대로 이르니,
그 겁의 이름은 종종장엄이다.

　모든 불자들이여, 저 승음세계 가
운데 향수해가 있으니 이름이 청정
광명이고, 그 바다 가운데 큰 연꽃
수미산이 출현하였으니 이름이 화염
보장엄당이며, 열 가지 보배 난간이
두루 들러쌌다.

　그 산 위에 하나의 큰 숲이 있으니
이름이 마니화지륜이다. 한량없는
꽃누각들과 한량없는 보배 누관들

이 주위에 벌어져 있고, 한량없는 묘한 향깃대와 한량없는 보배산깃대가 훤칠하게 장엄하였다.

한량없는 보배의 흰 연꽃이 곳곳에 피었고, 한량없는 향마니 연꽃그물이 두루 드리웠다. 음악 소리가 화창하고 향구름이 비치는데, 수가 각각 한량없어 끝까지 기록할 수 없으며, 백만억 나유타 성들이 두루 둘러쌌고 갖가지 중생들이 그 안에 살고 있었다.

모든 불자들이여, 이 숲 동쪽에 하나의 큰 도성이 있으니 이름이 염광명이다. 인간의 왕이 도읍한 곳이고 백만억 나유타 성이 두루 둘러쌌으며 청정하고 묘한 보배로 함께 이루어졌다. 길이와 너비가 각각 칠천 유순이며, 칠보로 성곽이 되고 문루와 망대가 모두 다 높고 화려하였다.

일곱 겹의 보배 해자에 향수가 가득하였으며, 청색 연꽃과 붉은 연꽃과 노란 연꽃과 흰 연꽃들이 모두 온갖 보배로 되어 곳곳에 분포하여 장식하였고, 보배로 된 다라 나무가 일곱 겹으로 둘러쌌다.

궁전과 누각이 다 보배로 장엄되어서, 갖가지 묘한 그물이 그 위에 펼쳐졌고 향을 바르고 꽃을 흩어 그 속이 향기롭고 빛났다. 백만억 나유타의 문이 다 보배로 장엄되었는데, 낱낱 문 앞에는 각각 마흔아홉 개의 보배시라 깃대가 차례로 줄지어 있었다.

다시 백만억 동산숲이 두루 둘러쌌는데, 그 가운데는 모두 갖가지의

여러 향과 마니나무 향이 두루 퍼져 널리 풍기며, 온갖 새들이 평화롭게 노래하여 듣는 이들을 즐겁게 하였다.

이 큰 도성 안에 사는 사람들은 업보로 신족통을 성취하지 아니함이 없어서 허공에 올라 왕래하여 행이 모든 천신들과 같고, 마음에 하고자 하는 바가 있으면 생각대로 모두 이르러 왔다.

그 도성의 다음 남쪽에 한 하늘성

이 있으니 이름이 수화장엄이고, 그 다음 오른쪽으로 돌아서 큰 용의 성이 있으니 이름이 구경이고, 다음에 야차의 성이 있으니 이름이 금강승묘당이고, 다음에 건달바의 성이 있으니 이름이 묘궁이다.

다음에 아수라의 성이 있으니 이름이 보륜이고, 다음에 가루라의 성이 있으니 이름이 묘보장엄이고, 다음에 긴나라의 성이 있으니 이름이 유희쾌락이고, 다음에 마후라가의 성이 있으니 이름이 금강당이고, 다음

에 범천왕의 성이 있으니 이름이 종
종묘장엄이다.

이와 같은 것이 백만억 나유타의
수인데, 이 낱낱 성에 각각 백만억
나유타의 누각들이 함께 둘러쌌으
며, 낱낱이 모두 한량없는 장엄이 있
었다.

모든 불자들이여, 이 보화지룬 큰
숲 가운데 한 도량이 있으니 이름이
보화변조이다.

온갖 큰 보배로 분포하여 장엄하

고, 마니 꽃바퀴가 두루 가득 피었으며, 향등을 켜서 온갖 보배 빛을 갖추었다. 불꽃구름이 가득 덮어서 광명그물이 널리 비치며, 모든 장엄구에서 항상 미묘한 보배가 나왔다.

일체 음악 중에 항상 청아한 음을 연주하며, 마니보배왕이 보살의 몸을 나타내고 갖가지 미묘한 꽃들이 시방에 두루하였다.

그 도량 앞에 하나의 큰 바다가 있으니 이름이 향마니금강이고, 큰 연꽃이 솟아났으니 이름이 화예염륜이

다. 그 꽃의 광대함이 백억 유순이
고, 줄기와 잎과 꽃술과 꽃받침이 모
두 미묘한 보배로 되었다.

열 불가설 백천억 나유타의 연꽃
들이 함께 둘러쌌으며, 항상 광명을
놓고 항상 미묘한 음성을 내어 시방
에 두루하였다.

모든 불자들이여, 그 승음세계의
최초 겁 중에 열 수미산 미진수의 여
래께서 세상에 출현하셨다. 그 최초

의 부처님은 명호가 일체공덕산수미 승운이시다.

모든 불자들이여, 마땅히 알라. 그 부처님께서 장차 출현하시려는 때의 일백 년 전에 이 마니화지른 큰 숲 가운데 일체 장엄이 두루 청정하였 다.

이른바 부사의한 보배 불꽃구름 을 내며, 부처님 공덕을 찬탄하는 소 리를 내며, 무수한 부처님 음성을 펴 며, 빛을 내어 그물을 펴서 시방을 가득 덮으며, 궁전과 누각이 서로서로 비추며, 보배 꽃 광명이 공중에 모여 구름을 이루었다.

다시 미묘한 음성을 내어 일체 중생의 전세에 행하던 넓고 큰 선근을 말하며, 삼세의 일체 모든 부처님 명호를 말하며, 모든 보살들이 수행하던 원행과 구경의 도를 말하며, 모든 여래께서 묘한 법륜을 굴리시던 갖가지 언사를 말하였다.

이와 같이 장엄한 모양을 나타내어 여래께서 장차 세상에 출현하실 것을 나타내 보였다. 그 세계 중의 일체 모든 왕들이 이러한 모양을 본 까닭에 선근이 성숙하여 모두 부처님을 친견하려고 도량에 모여왔다.

이때에 일체공덕산수미승운 부처님께서 그 도량의 큰 연꽃 가운데서 홀연히 출현하셨다.

그 몸은 두루하여 진법계와 같으시며, 일체 부처님 세계에 모두 출생함을 보이시며, 일체 도량에 다 그곳에 나아가시며, 가없는 미묘한 빛깔이 구족하고 청정하시며, 일체 세간이 능히 빛을 뺏을 수 없었다.

온갖 보배 형상을 갖추어 낱낱이
분명하며, 일체 궁전에 다 그 영상을
나타내시며, 일체 중생이 모두 눈으
로 볼 수 있으며, 가없는 화신 부처
님이 그 몸에서 나오시며, 갖가지 빛
깔이 세계에 충만하였다.

이 청정광명 향수해의 꽃불꽃 장
엄깃대 수미산 정상의 마니화지름
큰 숲 가운데 그 몸을 나타내어 자리
에 앉으신 것처럼, 그 승음세계에 있
는 육십팔 천억 수미산 정상에도 모

두 또한 그곳에 몸을 나타내어 앉으
셨다.

이때에 그 부처님께서 곧 미간에서
큰 광명을 놓으시니 그 광명의 이름
은 발기일체선근음이다. 열 부처님
세계 미진수의 광명으로 권속을 삼
아서 일체 시방 국토에 충만하였다.

만약 어떤 중생을 마땅히 조복해야
하면 그 광명이 비치어 곧 스스로 깨
달으며, 모든 미혹의 열기를 쉬며, 모
든 덮개의 그물을 찢으며, 모든 장애

의 산을 부수며, 모든 때와 탁한 것을 맑히며, 큰 믿음과 이해를 내며, 수승한 선근을 내며, 일체 모든 재난과 공포를 길이 여의며, 일체 몸과 마음의 고뇌를 없애며, 부처님 친견할 마음을 일으켜서 일체 지혜에 나아가게 하셨다.

이때에 일체 세간 주인과 아울러 그 한량없는 백천의 권속들이 부처님의 광명을 입어서 깨닫게 된 까닭에 모두 부처님 처소에 나아가 머리를 숙여 부처님 발에 예배하였다.

모든 불자들이여, 그 염광명 큰 성 가운데 왕이 있으니 이름이 희견선 혜이다. 백만억 나유타의 성을 통솔 하였으며, 부인과 채녀가 삼만칠천 명인데 복길상이 으뜸이 되었다. 왕 자가 오백 명인데 대위광이 으뜸이 되고, 대위광 태자에게도 십천 부인 이 있는데 묘견이 으뜸이 되었다.

이때에 대위광 태자가 부처님의 광 명을 보고서 예전에 닦은 선근의 힘으 로 즉시 열 가지 법문을 증득하였다.

무엇이 열이 되는가? 이른바 일체 모든 부처님의 공덕륜삼매를 증득하고, 일체 부처님 법의 보문다라니를 증득하고, 넓고 큰 방편창고의 반야바라밀을 증득하였다.

일체 중생을 조복하는 큰 장엄의 대자를 증득하고, 넓은 구름소리의 대비를 증득하고, 가없는 공덕을 내는 가장 수승한 마음의 대희를 증득하고, 여실히 일체 법을 깨닫는 대사를 증득하였다.

넓고 큰 방편의 평등한 창고인 큰

신통을 증득하고, 믿음과 이해의 힘을 증장하는 대원을 증득하고, 일체지혜의 광명에 널리 들어가는 변재문을 증득하였다.

이때에 대위광 태자가 이와 같은 법의 광명을 얻고 나서 부처님의 위신력을 받들어 대중들을 널리 살펴보고 게송을 설하여 말씀하였다.

세존께서 도량에 앉으시니
청정한 큰 광명이

마치 천 개의 해가 떠서
허공계를 널리 비추는 듯하도다.

한량없는 억천 겁 동안
도사께서 때로 나타나시는데
부처님께서 지금 세간에 출현하시니
일체가 우러러 받들도다.

그대들은 부처님의 광명을 관해 보라
화현하신 부처님을 사의하기 어려우니
일체 궁전 가운데서
고요히 삼매에 드셨도다.

그대들은 부처님의 신통을 관해 보라
모공에서 불꽃구름을 내시어
세간을 밝게 비추시니
광명이 다함없으시도다.

그대들은 마땅히 부처님 몸을 관해 보라
광명 그물이 지극히 청정하여
형상을 나타내어 일체와 같게 하셔서
시방에 두루 충만하시도다.

미묘한 음성이 세간에 두루하시니
듣는 이가 다 기뻐하고

모든 중생들의 말을 따라서
부처님의 공덕을 찬탄하도다.

세존의 광명이 비치는 곳에
중생들이 다 안락하니
있던 고통 다 소멸하여
마음에 큰 기쁨을 내도다.

모든 보살 대중들을 관해 보라
시방에서 모여와
모두 마니구름을 놓아서
눈앞에서 부처님을 찬탄하도다.

도량이 미묘한 소리를 냄이여
그 소리가 지극히 깊고 멀어서
능히 중생들의 고통을 없애니
이것은 부처님의 신통력이로다.

일체가 다 공경하여
마음에 큰 환희를 내며
함께 세존 앞에서
법왕을 우러러보도다.

모든 불자들이여, 저 대위광 태자
가 이러한 게송을 말할 때에 부처님

의 위신력으로 그 음성이 승음세계
에 널리 두루하였다.

그때에 희견선혜왕이 이 게송을 듣
고 나서 마음이 크게 환희하여 모든
권속들을 살펴보고 게송을 설하여
말씀하였다.

그대들은 마땅히 신속하게
일체 모든 왕들과
왕자와 대신과
성읍의 재상과 관리들을 소집하라.

모든 성 안에 널리 알려서
빨리 마땅히 큰 북을 치고
모든 사람들을 다 모아
함께 가서 부처님을 친견할지어다.

일체 네 거리에
다 마땅히 보배 방울을 울려
처자 권속들과 함께
모두 가서 여래를 친견할지어다.

일체 모든 성곽을
마땅히 다 청정하게 하고

수승하고 미묘한 깃대를 널리 세워
마니로 장식할지어다.

보배 휘장에 온갖 그물을 나열하고
기악을 구름처럼 펴서
잘 장식하여 허공에 두고
곳곳에 충만하게 할지어다.

도로를 모두 깨끗이 장엄하고
미묘한 의복을 널리 비내리며
그대들의 보배수레를 몰아서
나와 함께 부처님을 친견할지어다.

각각 자신의 힘을 따라
장엄구를 널리 비내리되
일체를 구름같이 펴서
허공에 두루 가득하게 할지어다.

향기불꽃과 연꽃일산과
반달 보배영락과
그리고 무수한 미묘한 옷을
그대들은 모두 마땅히 비내릴지어다.

수미산과 향수해에
가장 미묘한 마니바퀴와

그리고 청정한 전단을
다 마땅히 비내려 허공을 채울지어다.

온갖 보배꽃과 영락으로
장엄하여 깨끗해 때가 없으며
그리고 마니 등으로
다 허공에 머물러 있게 할지어다.

일체를 가지고 부처님께 향하되
마음에 큰 환희를 내고
처자 권속들과 함께
가서 세존을 친견할지어다.

이때에 희견선혜왕이 삼만칠천의 부인과 채녀들과 함께하였는데 복길상이 으뜸이 되고, 오백 왕자들과 함께하였는데 대위광이 으뜸이 되고, 육만 대신들과 함께하였는데 혜력이 으뜸이 되었다.

이러한 칠십칠 백천억 나유타의 대중들에게 앞뒤로 둘러싸여 염광명대성에서 나올 적에, 왕의 힘으로 일체 대중이 허공에 올라가서 모든 공양구를 허공에 두루 채웠다. 부처님 처소에 이르러 부처님 발에 정례하고 물러나 한쪽에 앉았다.

또 묘화성의 선화당 천왕이 있어 십억 나유타의 권속들과 함께하였다.

또 구경대성의 정광 용왕이 있어 이십오억 권속들과 함께하였다.

또 금강승당성의 맹건 야차왕이 있어 칠십칠억 권속들과 함께하였다.

또 무구성의 희견 건달바왕이 있어 구십칠억 권속들과 함께하였다.

또 묘륜성의 정색사유 아수라왕이

있어 오십팔억 권속들과 함께하였다.

또 묘장엄성의 십력행 가루라왕이
있어 구십구천 권속들과 함께하였다.

또 유희쾌락성의 금강덕 긴나라왕
이 있어 십팔억 권속들과 함께하였다.

또 금강당성의 보칭당 마후라가왕
이 있어 삼억백천 나유타 권속들과
함께하였다,

또 정묘장엄성의 최승 범천왕이 있
어 십팔억 권속들과 함께하였다.

이러한 백만억 나유타의 큰 성에
있는 모든 왕과 아울러 그 권속들이

다 함께 일체공덕산수미승운여래 처
소에 나아가서 부처님 발에 정례하
고 물러나 한쪽에 앉았다.

그때에 그 여래께서 모든 중생들을
조복하기 위하여 대중들이 모인 도
량바다 중에서 일체 삼세 부처님의
자재하신 법을 널리 모은 수다라를
설하셨다. 세계 미진수의 수다라가
권속이 되었으며, 중생들의 마음을
따라 모두 이익을 얻게 하셨다.

이때에 대위광 보살이 이 법을 듣고 나서 곧 일체공덕산수미승운 부처님께서 지난 세상에 모으신 법해광명을 얻었다.

이른바 일체 법무더기의 평등삼매인 지혜광명과, 일체 법이 다 최초 보리심 가운데 들어가서 머무르는 지혜광명과, 시방 법계의 넓은 광명창고의 청정한 눈 지혜광명과, 일체 불법의 큰 원력바다를 관찰하는 지혜광명과, 가없는 공덕바다에 들어가는 청정한 행의 지혜광명과, 물러나

지 않는 큰 힘의 빠른 창고를 향하여
나아가는 지혜광명과, 법계 가운데
한량없는 변화하는 힘으로 벗어나는
바퀴의 지혜광명과, 한량없는 공덕
이 원만한 바다에 결정코 들어가는
지혜광명과, 일체 부처님의 결정한
이해로 장엄하고 성취한 바다를 요
달해 아는 지혜광명과, 법계의 가없
는 부처님께서 일체 중생 앞에 나타
나시는 신통바다를 요달해 아는 지
혜광명과, 일체 부처님의 힘과 두려
움 없는 법을 요달해 아는 지혜광명

을 얻었다.

  그때에 대위광 보살이 이와 같은 한량없는 지혜광명을 얻고 나서 부처님의 위신력을 받들어 게송을 설하여 말씀하였다.

  내가 부처님의 미묘한 법을 듣고
  지혜의 광명을 얻었으니
  이것으로 세존께서
  지난 옛적 행하신 일을 보도다.

일체 태어나신 곳과
명호와 몸의 차별과
그리고 부처님께 공양하시는
이와 같은 것을 내가 다 보도다.

지난 옛적 모든 부처님 처소에서
일체를 다 받들어 섬기시고
한량없는 겁 동안 수행하셔서
세계바다를 깨끗이 장엄하셨도다.

자신의 몸을 버려 보시하시되
광대하며 끝이 없고

가장 수승한 행을 닦으셔서
세계바다를 깨끗이 장엄하셨도다.

귀와 코와 머리와 손과 발과
그리고 모든 궁전을
한량없이 버리셔서
세계바다를 깨끗이 장엄하셨도다.

능히 낱낱 세계에
부사의한 억겁 동안
보리행을 닦아 익히셔서
세계바다를 깨끗이 장엄하셨도다.

보현보살의 큰 원력으로
일체 부처님바다 가운데
한량없는 행을 수행하여
세계바다를 깨끗이 장엄하였도다.

마치 햇빛이 비침으로 인하여
도리어 해를 보듯이
나도 부처님의 지혜광명으로
부처님께서 행하신 도를 보도다.

내가 부처님 세계바다의
청정한 큰 광명을 관해 보니

고요하게 보리를 증득하셔서
법계에 다 두루하시도다.

내가 마땅히 세존께서
세계바다를 널리 깨끗이 하심과 같이
부처님의 위신력으로
보리행을 닦아 익히리라.

모든 불자들이여, 그때에 대위광
보살이 일체공덕산수미승운 부처님
을 친견하고 받들어 섬기며 공양올
린 까닭에 여래의 처소에서 마음에

깨달음을 얻었다.

　일체 세간을 위하여 여래의 지난 옛적 수행바다를 나타내 보이며, 지난 옛적 보살들의 수행방편을 나타내 보이며, 일체 부처님의 공덕바다를 나타내 보이며, 일체 법계에 널리 들어가는 청정한 지혜를 나타내 보이며, 일체 도량 가운데서 성불하는 자재한 힘을 나타내 보였다.

　부처님 힘과 두려움 없고 차별 없는 지혜를 나타내 보이며, 널리 시현하시는 여래의 몸을 나타내 보이며,

불가사의한 부처님의 신통 변화를 나타내 보이며, 한량없이 청정한 불국토를 장엄함을 나타내 보이며, 보현보살이 가진 행원을 나타내 보여서, 저 수미산 미진수의 중생들이 보리심을 내게 하며, 부처님 세계 미진수의 중생들이 여래의 청정한 국토를 성취하게 하였다.

그때에 일체공덕산수미승운 부처님께서 대위광 보살을 위하여 게송을 설하여 말씀하셨다.

훌륭하도다, 대위광이여
복덕창고로 명칭이 넓으니
중생들을 이롭게 하기 위하여
보리도에 나아가도다.

그대가 지혜광명을 얻어서
법계에 다 가득하고 두루하니
복과 지혜가 모두 광대해서
마땅히 깊은 지혜바다를 얻으리라.

한 세계에서 수행하기를
세계 티끌수의 겁을 지내니

그대가 나를 보는 것과 같이
이와 같은 지혜를 마땅히 얻으리라.

모든 하열한 수행자는
이 방편을 알 수 없으니
큰 정진의 힘을 얻어야
세계바다를 능히 깨끗이 하리라.

낱낱 미진 가운데
한량없는 겁 동안 수행하여야
그런 사람이 이에 능히
모든 부처님 세계를 장엄하리라.

낱낱 중생을 위하여
겁바다를 지내도록 윤회하되
그 마음이 피로하거나 게으르지 않아야
마땅히 세상의 도사가 되리라.

낱낱 부처님께 공양올리되
미래제가 모두 다하도록 마음이
잠깐도 피로해하거나 싫어함이 없어야
마땅히 위없는 도를 이루리라.

삼세의 일체 부처님께서
마땅히 그대의 원을 만족케 하시리니

일체 부처님 회상 가운데
그대의 몸이 그곳에 안주하리라.

일체 모든 여래께서
서원이 끝이 없으시니
큰 지혜를 통달한 이는
능히 이 방편을 알리라.

대위광이 나에게 공양하니
그러므로 큰 위력을 얻어서
미진수의 중생들로 하여금
성숙하여 보리에 향하게 하도다.

모든 보현행을 수행하는
큰 명칭 있는 보살들이
부처님 세계바다를 장엄하여
법계에 널리 두루하도다.

　모든 불자들이여, 그대들은 마땅히
알라. 저 대장엄겁 가운데 항하의 모
래 수와 같은 소겁이 있으니 사람의
수명은 두 소겁이었다. 모든 불자들
이여, 저 일체공덕산수미승운 부처
님은 수명이 오십억 세이시다.

그 부처님께서 멸도하신 후에 부처님이 출현하셨으니, 이름이 바라밀선안장엄왕이시다. 또한 저 마니화지륜 큰 숲 가운데서 정각을 이루셨다.

그때에 대위광 동자가 그 여래께서 등정각을 이루어 신통력을 나타내심을 보고 곧 염불삼매를 얻었으니 이름이 가없는 바다창고문이다. 곧 다라니를 얻었으니 이름이 큰 지혜의 힘인 법 못이다.

곧 대자를 얻었으니 이름이 널리 중생들을 따라 조복하여 해탈케 함이다. 곧 대비를 얻었으니 이름이 일체 경계를 두루 덮은 구름이다. 곧 대희를 얻었으니 이름이 일체 부처님의 공덕바다 위신력창고이다. 곧 대사를 얻었으니 이름이 법성과 허공이 평등하게 청정함이다.

곧 반야바라밀을 얻었으니 이름이 자성이 때를 여읜 법계의 청정한 몸이다. 곧 신통을 얻었으니 이름이 걸림 없는 광명이 널리 따라 나타남이다.

곧 변재를 얻었으니 이름이 때를 여읜 못에 잘 들어감이다. 곧 지혜광명

을 얻었으니 이름이 일체 부처님 법
의 청정한 창고이다. 이와 같은 십천
법문을 모두 통달하였다.

그때에 대위광 동자가 부처님의 위
신력을 받들어 모든 권속들을 위하
여 게송을 설하여 말씀하였다.

불가사의한
억겁 중에
세상을 인도하는 밝은 스승을
한 번 만나기 어려운데

이 국토 중생들은
좋은 이익이 많아서
지금 제이 부처님을
친견하도다.

부처님 몸이
큰 광명을 널리 놓으시니
색상이 가없고
지극히 청정하심이라
구름처럼
일체 국토에 충만하시어
곳곳에서 부처님의 공덕을

찬탄하도다.

광명이 비치는 곳은
모두 환희함이라
중생들에게 있는 고통을
다 없애어
각각 공경하고
자비심을 일으키게 하시니
이것은 여래의 자재하신
작용이로다.

부사의한

변화하는 구름을 내시고
한량없는 색의
광명 그물을 놓으셔서
시방 국토에
다 충만하시니
이것은 부처님의 신통으로
나타난 것이로다.

낱낱 모공에서
광명구름을 나타내시어
널리 허공에 두루하여
큰 음성을 내시고

어두운 곳마다
비추지 않음이 없으셔서
지옥의 온갖 고통을
다 없애게 하시도다.

여래의 미묘한 음성이
시방에 두루하시어
일체 말씀을
다 갖추어 연설하시되
모든 중생들의
숙세의 선근력을 따르시니
이것은 대사의

신통변화의 작용이로다.

한량없고 가없는
대중바다에
부처님께서
그 가운데 다 출현하시어
다함없는 미묘한 법륜을
널리 굴리셔서
일체 모든 중생들을
조복하시도다.

부처님의 신통력은

끝이 없으시어
일체 세계 가운데
다 출현하시니
선서의 이러한 지혜가
걸림이 없으셔서
중생들을 이롭게 하려고
정각을 이루셨도다.

그대들은
마땅히 환희심을 내어서
뛸 듯이 기뻐하며
지극히 존중하라

나도 마땅히 그대들과 함께

그곳에 나아가리니

만약 여래를 친견하면

온갖 고통이 소멸하리라.

발심하고 회향하여

보리에 나아가고

일체 모든 중생들을

자비로 생각하여

보현의 광대한 서원에

다 머무르면

마땅히 법왕처럼

자재를 얻으리라.

모든 불자들이여, 대위광 동자가
이 게송을 말할 때에 부처님의 위신
력으로 그 음성이 걸림 없어서 일체
세계가 모두 다 듣고, 한량없는 중생
들이 보리심을 일으켰다.

그때에 대위광 왕자가 그의 부모와
모든 권속들과 한량없는 백천억 나
유타의 중생들에게 앞뒤로 둘러싸
이고, 보배 덮개가 구름처럼 허공을
두루 덮어, 함께 바라밀선안장엄왕

여래의 처소에 나아갔다. 그 부처님
께서 위하여 법계체성청정장엄 수다
라를 설하시니, 세계바다 미진수 같
은 수다라가 권속이 되었다.

그 모든 대중들이 이 경을 듣고 나
서 청정한 지혜를 얻었으니 이름이
일체에 들어가는 청정한 방편이다.
지위를 얻었으니 이름이 때를 여읜
광명이다. 바라밀 바퀴를 얻었으니
이름이 일체 세간의 즐거움을 나타
내 보이는 장엄이다.

늘리고 넓히는 수행 바퀴를 얻었으

니 이름이 일체 세계에 널리 들어가
는 가없는 광명의 청정한 견해이다.
향하여 나아가는 수행 바퀴를 얻었
으니 이름이 때를 여읜 복덕구름의
광명 깃발이다.

따라 증득해 들어가는 바퀴를 얻
었으니 이름이 일체 법바다가 광대
한 광명이다. 점점 깊이 나아가는 행
을 얻었으니 이름이 큰 지혜로 장엄
함이다. 관정하는 지혜바다를 얻었
으니 이름이 공용이 없는 수행의 지
극히 미묘한 견해이다.

밝게 아는 큰 광명을 얻었으니 이름이 여래공덕바다 모양의 광명이 두루 비침이다. 원력을 출생하는 청정한 지혜를 얻었으니 이름이 한량없는 원력과 신해의 창고이다.

그때에 그 부처님께서 대위광 보살을 위하여 게송을 설하여 말씀하셨다.

훌륭하도다,
공덕과 지혜바다여
발심해서

대보리로 나아가니

그대는 마땅히

부처님의 부사의를 얻어서

널리 중생들을 위하여

의지처가 되리라.

그대는 이미

큰 지혜바다를 출생하여

모두 능히 일체 법을

두루 깨달았으니

마땅히 생각하기 어려운

미묘한 방편으로

부처님의 다함없는
행하신 경계에 들어가리라.

이미 모든 부처님의
공덕구름을 보았고
이미 다함없는
지혜의 땅에 들어갔으니
모든 바라밀과
방편바다를
큰 명칭 있는 이가
마땅히 만족하리라.

이미 얻은
방편과 총지문과
그리고 다함없는
변재문으로
갖가지 행과 원을
다 닦아 익혔으니
마땅히 같음이 없는
큰 지혜를 이루리라.

그대는 이미
모든 서원바다를 출생하였고
그대는 이미

삼매바다에 들어갔으니
마땅히 갖가지
큰 신통과
불가사의한 모든
부처님의 법을 구족하리라.

구경법계의
부사의함에
광대하고 깊은 마음이
이미 청정했으니
널리 시방
일체 부처님의

때를 여읜 장엄의
온갖 세계바다를 보도다.

그대는 이미
나의 보리행과
옛적 본사의
방편바다에 들어가서
내가 수행하여
깨끗하게 닦은 것과 같으니
이러한 미묘한 행을
그대가 다 깨달았도다.

내가 한량없는
낱낱 세계에
갖가지로 모든 부처님바다에
공양하였으니
그와 같은 수행으로
얻은 과보의
이러한 장엄을
그대가 다 보았도다.

다함없는
광대한 겁바다의
일체 세계에서

깨끗한 행을 닦아서
견고한 서원이
불가사의하니
여래의 이러한 위신력을
마땅히 얻으리라.

모든 부처님께
다 남김없이 공양올리고
국토의 장엄을
다 청정하게 하여
일체 겁 동안
미묘한 행을 닦았으니

그대는 마땅히
부처님의 큰 공덕을 이루리라.

모든 불자들이여, 바라밀선안장엄
왕 여래께서 열반에 드시고 나서, 희
견선혜왕이 얼마 되지 아니하여 또
한 세상을 버리니, 대위광 동자가 전
륜왕의 자리를 이어받았다.

저 마니화지륜 큰 숲 가운데 세 번
째 여래께서 세상에 출현하시니 이
름이 최승공덕해이시다.

그때에 대위광 전륜성왕이 저 여래
께서 성불하시는 모습을 보고, 그의
권속들과 사병들과 성읍과 마을의
일체 인민과 더불어 칠보를 가지고
함께 부처님 처소에 가서, 일체 향마
니로 장엄한 큰 누각을 부처님께 받
들어 올렸다.

그때에 그 여래께서 그 숲속에서
보살보안광명행 수다라를 말씀하시
니, 세계 미진수의 수다라가 권속이
되었다.

그때에 대위광 보살이 이 법을 듣고 나서 삼매를 얻었으니 이름이 대복덕보광명이다. 이 삼매를 얻은 까닭에 일체 보살과 일체 중생의 과거와 현재와 미래의 복과 복 아닌 바다를 모두 능히 분명하게 알았다.

그때에 그 부처님께서 대위광 보살을 위하여 게송을 설하여 말씀하셨다.

훌륭하도다,
복덕의 대위광이여

그대들이

지금 나의 처소에 이르러 와서

일체 중생바다를

불쌍히 생각하여

수승한 보리와

큰 서원의 마음을 내었도다.

그대가

일체 고통받는 중생을 위해

대비심을 일으켜

해탈하게 하여

마땅히 미혹한 이들의

의지가 되리니
이 이름이
보살의 방편행이로다.

만약 어떤 보살이
능히 견고하여
모든 수승한 행을 닦아
게으름이 없으면
가장 수승하고 가장 높은
걸림없는 이해인
이러한 묘한 지혜를
그가 마땅히 얻으리라.

복덕의 광명과
복덕의 깃대와
복덕의 처소와
복덕의 바다인
보현보살의
서원에
그대 대위광도
능히 들어갔도다.

그대가 능히
이 광대한 서원으로
부사의한

모든 부처님바다에 들어가니
모든 부처님의 복바다가
끝이 없으나
그대가 미묘한 이해로
다 능히 보도다.

그대가
시방 국토 가운데
한량없고 가없는
부처님을 다 친견하니
그 부처님의
지난 옛적 모든 행바다의

이러한 일체를
그대가 다 보도다.

만약 이 방편바다에
머무르면
반드시 지혜의 땅에
들어가리니
이것은 모든 부처님을
따라 배움이라
결정코 마땅히
일체 지혜를 이루리라.

그대는
일체 세계바다 가운데서
미진 겁바다 동안
모든 행을 닦았으니
일체 여래의
모든 행바다를
그대가 다 배우고서
마땅히 성불하리라.

그대가 본
시방 가운데
일체 세계바다가

다 장엄하여 깨끗하듯이

그대 세계의 장엄하여 깨끗함도

이와 같으니

가없는 원력자가

마땅히 얻을 바로다.

지금 이 도량의

대중모임바다가

그대의 서원을 듣고 나서

기뻐 즐거워하며

보현의 광대한 수레에

다 들어가서

발심하고 회향하여
보리에 나아가도다.

가없는 국토의
낱낱 가운데
다 들어가
겁바다를 지내도록 수행하여
모든 원력으로
능히 보현보살의
일체 행을
원만히 하였도다.

모든 불자들이여, 저 마니화지륜 큰 숲 가운데서 다시 부처님께서 출현하시니 명호가 명칭보문연화안당이시다.

이때에 대위광이 여기에서 목숨을 마치고 수미산 위의 적정보궁천성 가운데 태어나 대천왕이 되었으니 이름이 이구복덕당이었다. 모든 하늘대중들과 함께 부처님 처소에 나아가 보배 꽃구름을 비내려 공양올렸다.

그때에 그 여래께서 위하여 광대방

편보문변조 수다라를 설하시니, 세계바다 미진수의 수다라가 권속이 되었다.

그때에 천왕 대중들이 이 경을 듣고서 삼매를 얻었으니 이름이 보문환희장이며, 삼매의 힘으로 능히 일체법의 실상바다에 들어갔다. 이러한 이익을 얻고 나서 도량에서 나와 본래 자리로 되돌아갔다."

회
향
송

아차보현수승행
무변승복개회향
보원침익제중생
속왕무량광불찰

시방삼세일체불
제존보살마하살
마하반야바라밀

我此普賢殊勝行

無邊勝福皆迴向

普願沈溺諸眾生

速往無量光佛剎

十方三世一切佛

諸尊菩薩摩訶薩

摩訶般若波羅蜜

大方廣佛華嚴經 ——
부록

•

대방광불화엄경 목차

•

간행사

대방광불화엄경
목차

〈제1회〉

제1권 제1품 세주묘엄품 [1]

제2권 제1품 세주묘엄품 [2]

제3권 제1품 세주묘엄품 [3]

제4권 제1품 세주묘엄품 [4]

제5권 제1품 세주묘엄품 [5]

제6권 제2품 여래현상품

제7권 제3품 보현삼매품

　　　 제4품 세계성취품

제8권 제5품 화장세계품 [1]

제9권 제5품 화장세계품 [2]

제10권 제5품 화장세계품 [3]

제11권 **제6품 비로자나품**

〈제2회〉

제12권 제7품 여래명호품

　　　 제8품 사성제품

제13권 제9품 광명각품

　　　 제10품 보살문명품

제14권 제11품 정행품

　　　 제12품 현수품 [1]

제15권 제12품 현수품 [2]

〈제3회〉

제16권 제13품 승수미산정품

　　　 제14품 수미정상게찬품

　　　 제15품 십주품

제17권 제16품 범행품

　　　 제17품 초발심공덕품

제18권 제18품 명법품

〈제4회〉

제19권　제19품　승야마천궁품

　　　　　제20품　야마궁중게찬품

　　　　　제21품　십행품 [1]

제20권　제21품　십행품 [2]

제21권　제22품　십무진장품

〈제5회〉

제22권　제23품　승도솔천궁품

제23권　제24품　도솔궁중게찬품

　　　　　제25품　십회향품 [1]

제24권　제25품　십회향품 [2]

제25권　제25품　십회향품 [3]

제26권　제25품　십회향품 [4]

제27권　제25품　십회향품 [5]

제28권　제25품　십회향품 [6]

제29권　제25품　십회향품 [7]

제30권　제25품　십회향품 [8]

제31권　제25품　십회향품 [9]

제32권　제25품　십회향품 [10]

제33권　제25품　십회향품 [11]

〈제6회〉

제34권　제26품　십지품 [1]

제35권　제26품　십지품 [2]

제36권　제26품　십지품 [3]

제37권　제26품　십지품 [4]

제38권　제26품　십지품 [5]

제39권　제26품　십지품 [6]

〈제7회〉

제40권　제27품　십정품 [1]

제41권　제27품　십정품 [2]

제42권　제27품　십정품 [3]

제43권　제27품　십정품 [4]

제44권　제28품　십통품

　　　　　제29품　십인품

제45권　제30품　아승지품

　　　　　제31품　수량품

　　　　　제32품　제보살주처품

제46권　제33품　불부사의법품 [1]

제47권　제33품　불부사의법품 [2]

제48권   제34품   여래십신상해품

　　　　 제35품   여래수호광명공덕품

제49권   제36품   보현행품

제50권   제37품   여래출현품 [1]

제51권   제37품   여래출현품 [2]

제52권   제37품   여래출현품 [3]

〈제8회〉

제53권   제38품   이세간품 [1]

제54권   제38품   이세간품 [2]

제55권   제38품   이세간품 [3]

제56권   제38품   이세간품 [4]

제57권   제38품   이세간품 [5]

제58권   제38품   이세간품 [6]

제59권   제38품   이세간품 [7]

〈제9회〉

제60권   제39품   입법계품 [1]

제61권   제39품   입법계품 [2]

제62권   제39품   입법계품 [3]

제63권   제39품   입법계품 [4]

제64권   제39품   입법계품 [5]

제65권   제39품   입법계품 [6]

제66권   제39품   입법계품 [7]

제67권   제39품   입법계품 [8]

제68권   제39품   입법계품 [9]

제69권   제39품   입법계품 [10]

제70권   제39품   입법계품 [11]

제71권   제39품   입법계품 [12]

제72권   제39품   입법계품 [13]

제73권   제39품   입법계품 [14]

제74권   제39품   입법계품 [15]

제75권   제39품   입법계품 [16]

제76권   제39품   입법계품 [17]

제77권   제39품   입법계품 [18]

제78권   제39품   입법계품 [19]

제79권   제39품   입법계품 [20]

제80권   제39품   입법계품 [21]

간 행 사

　귀의삼보 하옵고,

　『대방광불화엄경』의 수지 독송과 유통을 발원하면서 수미정사 불전연구원에서 『독송본 한문·한글역 대방광불화엄경』과 『사경본 한글역 대방광불화엄경』을 편찬하여 간행하게 되었습니다.

　『화엄경』은 우리나라에 전래된 이래 일찍부터 사경되고 주석·강설되어 왔으며 근현대에 이르러서는 『화엄경』의 한글 번역과 연구도 부쩍 많이 이루어졌습니다. 그만큼 『화엄경』이 우리 불자님들의 신행과 해탈에 큰 의지처가 되었던 것임을 알 수 있습니다.

　『화엄경』을 독송하고 사경하는 공덕은 설법 공덕과 함께 크게 강조되어 왔습니다. 그리하여 수미정사 불전연구원에서도 『화엄경』(80권)을 독송하고 사경하는 데 도움이 되도록 한문 원문과 한글역을 함께 수록한 독송본과 한글역의 사경본 『화엄경』 간행불사를 발원하였습니다. 이 『화엄경』 간행불사에 뜻을 같이하여 적극 후원해주신 스님들과 재가 불자님들께 깊이 감사드립니다. 또한 『화엄경』을 수지 독송할 수 있도록 경책의 모습으로 장엄해 주신 편집위원들과 담앤북스 출판사 관계자들께도 고마움을 표합니다.

　끝으로 이 불사의 원만 회향으로 『화엄경』이 널리 유통되고, 온 법계에 부처님의 가피가 충만하시길 기원드립니다.

　나무 대방광불화엄경

불기 2564년 '부처님오신날'을 봉축하며

수미해주 합장

위태천신(동진보살)

수미해주 須彌海住

동국대학교 명예교수
중앙승가대학교 법인이사
대한불교조계종 수미정사 주지

사경본 한글역
대방광불화엄경 제11권

| 초판 1쇄 발행_ 2021년 3월 2일

| 엮은이_ 수미해주
| 엮은곳_ 수미정사 불전연구원
| 편집위원_ 해주 수정 경진 선초 정천 석도 박보람 최원섭
| 편집보_ 무이 무진 김지예

| 펴낸이_ 오세룡
| 펴낸곳_ 담앤북스
　　　　서울특별시 종로구 새문안로3길 23 경희궁의 아침 4단지 805호
　　　　대표전화 02)765-1251　전자우편 damnbooks@hanmail.net
　　　　출판등록 제300-2011-115호
| ISBN_　979-11-6201-274-1　04220

이 책은 저작권 법에 따라 보호받는 저작물이므로 무단전재와 복제를 금합니다.
이 책 내용의 전부 또는 일부를 이용하려면 반드시 저작권자와 담앤북스의 서면 동의를 받아야 합니다.

정가 10,000원
ⓒ 수미해주 2021